ke:
nd d
mit.
12°
ein
028537

ZENTRALE
Vorsicht, bissiger Hund!

Insa Bauer

[redacted]

Leselöwen

Detektiv-Wissen

Illustrationen von Silvia Christoph

Loewe

Bibliografische Information Der Deutschen Bibliothek
Die Deutsche Bibliothek verzeichnet diese Publikation in der Deutschen Nationalbibliografie; detaillierte bibliografische Daten sind im Internet über *http://dnb.ddb.de* abrufbar.

*Der Umwelt zuliebe ist dieses Buch
auf chlorfrei gebleichtem Papier gedruckt.*

ISBN-10: 3-7855-5666-7
ISBN-13: 978-3-7855-5666-5
1. Auflage 2006

Umschlagillustration: Silvia Christoph
Umschlaggestaltung: Andreas Henze
Printed in Germany (017)

www.loewe-verlag.de

Inhalt

WB

Der schwarze Koffer

Janne kann vor Aufregung kaum noch still sitzen. In zehn Minuten kommt der Zug an, und sie sieht endlich ihre Lieblingstante Corinna wieder.

„Ob ich sie wohl gleich erkenne?“, fragt Janne sich und denkt daran, dass ihre Tante eine wahre Verwandlungskünstlerin ist. Das gehört zu ihrem Beruf, denn Corinna ist Detektivin.

Durch lautes Schnarchen wird Janne aus ihren Gedanken gerissen. Der ältere Herr, der ihr im Zugabteil gegenübersitzt, ist über seiner Zeitung eingeschlafen.

Janne mustert den Schnarchenden. „Grauer Bart, graue Haare, dicke Brille“, murmelt sie vor sich hin. „Ich tippe auf Professor.“ Sie beugt sich vor, um die goldfarbenen Buchstaben auf seinem Aktenkoffer zu lesen: WB.

Janne stellt ihren Rucksack auf ihren Platz und macht sich auf den Weg zur

Toilette. Als sie zurückkehrt, kommt gerade ein Mann mit einem schwarzen Reisekoffer aus ihrem Abteil. Sie beachtet ihn jedoch nicht weiter, denn schon ertönt die Durchsage, dass der Zug in den Bahnhof einfährt.

Janne lehnt sich aus dem Fenster, um nach ihrer Tante Ausschau zu halten. „Hallo! Corinna!“, ruft sie, als sie sie in der Menge entdeckt. Ein bisschen enttäuscht ist sie, dass Corinna nicht verkleidet ist. „Schade! Dann steckt sie wohl gerade nicht in einem Fall.“

Schnell schnappt Janne ihren Rucksack und verabschiedet sich von dem Professor, der inzwischen aufgewacht ist und verschlafen blinzelt.

Sie ist schon fast aus der Tür, da fuchtelt er aufgeregt mit den Armen und schreit: „Mein Aktenkoffer! All meine geheimen Papiere sind gestohlen worden!“

Janne erschrickt. Von dem Aktenkoffer ist wirklich nichts zu sehen, auch nicht unter den Sitzen.

„Ich sage dem Schaffner Bescheid“, verspricht sie. „Ich muss jetzt aussteigen.“

An der Tür schildert sie dem Schaffner in wenigen Worten, was passiert ist. Dann springt sie in die Arme von Tante Corinna.

Während der Zug anfährt, erzählt Janne ihrer Tante das Erlebte ausführlich. Im selben Augenblick entdeckt sie ihn auf dem Bahnsteig: den Mann mit dem schwarzen Reisekoffer, der aus ihrem Abteil gekommen ist.

„Den habe ich in der Aufregung ganz

vergessen“, gibt Janne zu. „Er könnte den Aktenkoffer gestohlen haben.“

„Wenn das so ist, sollten wir ihn verfolgen“, schlägt Corinna kurz entschlossen vor.

„Vielleicht hat er den Aktenkoffer in seinen großen Reisekoffer gesteckt, während der Professor schlief“, sagt Janne.

„Ja, das ist gut möglich. Wenn du sicher bist, dass es dieser Mann war, darf er uns nicht entkommen. Hat er dich im Zug gesehen?“

Kaum antwortet Janne „Ja, kann sein“, da zieht ihre Tante schon eine Perücke aus der Tasche.

„Ohne meine Detektivausrüstung gehe ich nie aus dem Haus.“ Lachend stülpt sie Janne die Perücke über den Kopf. „So, nun wird aus der blonden und kurzhaarigen Janne ein Mädchen mit langer dunkler Mähne. Steht dir prima.“

Janne würde das gern in einem Spiegel überprüfen, aber dazu ist keine Zeit. Inzwischen sind sie dem Verdächtigen bis in einen kleinen Park gefolgt.

Als er sich auf eine Bank setzt, zieht Corinna ihre Nichte hinter einen dicken Baum. Mit dem Fernglas beobachtet sie den Mann.

„Er öffnet seinen Reisekoffer und grinst zufrieden. Der Inhalt scheint ihm zu gefallen.“ Sie reicht Janne das Fernglas. „Vielleicht kannst du erkennen, ob der Koffer in seinem Reisekoffer dem Professor gehört.“

„Die Größe stimmt“, murmelt Janne. „Ja! Es ist der gestohlene Aktenkoffer. Ich erkenne die Buchstaben WB. Er versucht, das Schloss zu knacken.“

Die beiden beobachten, wie es ihm gelingt, den Aktenkoffer zu öffnen. Dann scheint er sich in die Papiere zu vertiefen.

„Er muss was davon verstehen“, vermutet Corinna.

Janne wird ungeduldig. „Wenn der jetzt stundenlang liest, schlage ich hier Wurzeln und setze Moos an.“

„Du hast Recht. Wir müssen die Sache beschleunigen“, gibt die Detektivin zu. „Magst du ein bisschen schauspielern?“

Fragend sieht Janne ihre Tante an.

Corinna erklärt: „Wir gehen wie normale Spaziergänger an ihm vorbei und unterhalten uns ganz locker über ...“

„Über Pferde“, antwortet Janne prompt.

„Gut. Über Pferde. Wenn wir in seiner Nähe sind, stolperst du und fällst hin.“ Corinna zeigt auf ihre Tasche. „Sobald er hochschaut, fotografiere ich ihn mit meiner eingebauten Kamera, ohne dass er es merkt.“

Alles klappt wie besprochen. Janne stolpert, fällt auf die Knie, schimpft über einen Stein auf dem Weg, rappelt sich wieder auf und humpelt weiter. Ihre Tante stützt sie fürsorglich.

Der Mann auf der Bank guckt kurz auf, beschäftigt sich dann aber wieder mit dem Inhalt seines Koffers.

„Das war super! Wenn wir aus seinem Blickfeld sind, schleichen wir uns von hinten an", flüstert Corinna.

Wenig später holt sie ihr Handy hervor und ruft ihre Sekretärin an. Die Sekretärin soll die Polizei benachrichtigen, sobald sie eine SMS von ihrer Chefin erhält. „So, nun sind wir auf der sicheren Seite“, erklärt Corinna.

Janne weiß, warum ihre Tante den Dieb nicht selber festnehmen darf. Corinna ist Privatdetektivin und nicht bewaffnet. Sie ermittelt, ob jemand eine Straftat begangen hat. Reichen die Beweise für eine Anzeige aus, übergibt sie alles der Polizei.

Inzwischen haben sie sich hinter die Bank geschlichen, auf der der Kofferdieb sitzt und telefoniert.

„... klar doch! Der Alte wird ’ne Menge Kohle rausrücken, um das Zeug wiederzukriegen“, sagt er in sein Handy. Dann lacht er laut. „Das glaube ich nicht. Außerdem ist die Industrie ganz wild auf die Sachen.“

Corinna hat ein Tonaufnahmegerät eingeschaltet, das alles aufzeichnet. Sie nickt und tippt die SMS an ihre Sekretärin in das Handy ein. Bald wird die Polizei da sein, um den Verdächtigen zu überprüfen und festzunehmen.

Aber ganz so einfach ist es dann doch nicht. Als der Mann die Polizisten auf sich zukommen sieht, schnappt er seinen Koffer und macht einen Hechtsprung über die Rückenlehne der Bank.

Blitzschnell packt Corinna zu. Das überrascht den Flüchtenden so, dass er sich nicht einmal wehrt. Und dann sind auch schon die Polizisten da. Corinna kann ihnen den Dieb übergeben.

Janne zeigt auf den Koffer, den der Festgenommene immer noch krampfhaft in der Hand hält. „Und in dem Koffer ist das Diebesgut“, sagt sie.

Aufgaben eines Detektivs

Detektive sind private Ermittler. Sie bekommen ihre Aufträge von Privatleuten oder Firmen. Detektive suchen zum Beispiel Beweise dafür, dass es sich in einem Fall um eine Straftat handelt. Die Strafverfolgung ist aber Sache der Polizei.

Privatdetektive werden oft mit Beobachtungen beauftragt. Wenn jemand einem anderen misstraut, stellt er zum Beispiel einen Detektiv an. Der Detektiv sammelt Beweise für die Schuld oder Unschuld einer Person. Auch hilft er, Verbrechen zu verhindern.

Detektive, die für Versicherungen arbeiten, heißen **Versicherungsdetektive**. Wenn beispielsweise ein Haus abbrennt, überprüfen sie, ob der Schaden durch ein Unglück oder durch Brandstiftung entstanden ist.

Kaufhausdetektive beobachten Kunden. Wenn sie jemanden erwischen, der Waren einsteckt und nicht bezahlt, sprechen sie ihn an. Handelt es sich wirklich um einen Dieb, wird er der Polizei übergeben.

Wenn Firmen etwas Neues erfinden, zum Beispiel einen neuen Schokoriegel, soll dies geheim bleiben. **Industriedetektive** müssen herausfinden, ob jemand die Geheimnisse einer Firma an andere verrät.

Wer Detektiv werden möchte, sollte klug und höflich, aufmerksam, geschickt, geduldig und verschwiegen sein. Schießen muss er dagegen nicht können. Gut geschulte Detektive arbeiten hauptsächlich mit dem Kopf.

Einladung zum Einbruch

„Dann hebelt Flocki das Fenster auf und steigt rein“, sagt eine Mädchenstimme.

Jemand kichert. „Das wird lustig! Und danach durchsucht er alles nach den Juwelen. Wo sind die eigentlich?“

„In einer Blumenvase“, antwortet eine Jungenstimme. „Gibt es eine Alarmanlage?“

„Nein! Nur einen Bewegungsmelder, der alles in helles Licht taucht“, antwortet das Mädchen. „Wir müssen an schwarze Tücher denken, die wir über die Lampen legen. Flocki kann ...“

Was Flocki kann, erfahren Neele und Maik nicht mehr, denn die Stimmen entfernen sich. Die beiden stehen wie erstarrt in ihrem Klassenraum. Das, was sie da zufällig durch das geöffnete Fenster mit angehört haben, lässt sie den Atem anhalten.

„Mensch! Die planen einen Einbruch“, sagt Maik entsetzt.

Er schaut auf den Schulhof, um nach den angehenden Einbrechern Ausschau zu halten. Doch wie in jeder Pause wimmelt es dort von Schülern.

„Los!“, sagt Neele und rennt zur Tür. „Wir müssen raus. Vielleicht erkennen wir Flocki und seine Freunde ja an den Stimmen wieder.“

Draußen schlendern sie unauffällig durch die Menge und lauschen dabei auf Stimmen und Gespräche. Aber nichts passt zu dem, was sie kurz zuvor gehört haben.

„Meinst du, wir können das allein aufklären, wie den Fahrraddiebstahl neulich?“, fragt Neele ihren Freund.

Maik setzt sich auf eine Mauer. „Ich weiß nicht. Dies hier ist eine Nummer größer. Erst sollten wir herausfinden, ob wirklich was geplant ist. Wenn wir das genau wissen, melden wir es der Polizei.“

Neele setzt sich zu ihm. „Wir fangen mit den sieben W-Fragen an. Wir müssen sie nur etwas abwandeln, weil ja noch nichts passiert ist: wer will wann wo was machen, wie, womit und warum?“

„Wer? Flocki und seine Bande. Wann und wo wissen wir nicht. Aber was sie vorhaben, wissen wir: einen Einbruch. Und wie sie einbrechen wollen, haben sie auch gesagt. Der Einbrecher will ein Fenster aufhebeln“, fasst Maik zusammen.

Neele ergänzt: „Womit? Hm, vielleicht mit einem Brecheisen. Und warum? Weil er Juwelen stehlen will, die in einer Blumenvase versteckt sind. Die wichtigste

Frage bleibt: Wer sind Flocki und seine Bande?“

„Wie wär's mit denen da rechts bei der Bank?“, fragt Maik. „Die tuscheln so geheimnisvoll.“

Als Neele und Maik sich den drei Jungen und dem Mädchen nähern, erkennen sie die Stimmen wieder.

„Stimmt. Das müssen sie sein. Der mit der Schlabberhose wohnt in der Nähe von Sonja. Ich habe noch ein Buch von ihr.

Das bringe ich ihr heute Nachmittag zurück und frage sie nach ihm aus", schlägt Neele vor.

Dann beobachten die beiden Detektive, dass das Mädchen etwas auf einen Block schreibt und es den anderen zeigt. Sie reißt den Zettel in mehrere Teile. Einige Papierfetzen segeln zu Boden.

„Die Fetzen schnappe ich mir, sobald sie weg sind." Neele ist froh, als es endlich klingelt.

Maik lässt sich von der Mauer gleiten. „Ich gucke inzwischen, in welchen Klassenraum sie gehen."

Er schafft es gerade noch rechtzeitig, vor seiner Lehrerin in die Klasse zu huschen. „6 b", flüstert er Neele zu, die ihm mit erschrockenem Gesicht die Schnipsel zeigt.

Maik wird plötzlich blass, als er liest: „‚13. August – Waffe – Schuss.' Der 13. August ist morgen!"

Die beiden Detektive passen im Unterricht kaum noch auf.

„Wenn ich bei Sonja war, rufe ich dich an“, flüstert Neele.

Am Nachmittag überrascht Neele ihren Freund mit der Nachricht: „Der Typ mit der Schlabberhose ist Flocki. Ich habe ihn auf dem Weg nach Hause beschattet. An seiner Haustür steht Flockmann. Und später habe ich Sonja besucht und eine Befragung durchgeführt.“

Maik lacht. „Du hörst dich an wie ein Profi.“

Neele erzählt weiter: „Ich habe vorher in einem Buch für Detektive nachgelesen und mir meine Fragen genau überlegt. Man soll auf die Körpersprache achten, stand in dem Buch. Doch Sonja hat nur mit den Schultern gezuckt. Nichts war an ihr verdächtig. Flocki heißt Thorsten Flockmann. Er geht jeden Tag an ihrem Haus vorbei, gesprochen hat sie aber noch nie mit ihm. Was machen wir jetzt?"

„Wir bewachen Flockis Haus", schlägt Maik vor.

Doch weder am Nachmittag noch am frühen Abend bekommen sie ihren Verdächtigen zu Gesicht. Entmutigt gehen die beiden Detektive nach Hause.

„Wenn wir bis morgen keine gute Idee haben, müssen wir alles der Polizei melden", sagt Neele zu Maik.

Am nächsten Morgen stehen Flocki, das Mädchen und die anderen beiden Jungen am Eingang der Schule. Sie verteilen knallgelbe Zettel. Verwundert lesen Neele und Maik:

Einladung
zu einem Einbruch
- Krimi von Thorsten Flockmann -
Wo? In der Aula
Wann? 13. August, 16^{00} Uhr
Eintritt? 2 Euro
In der Pause verkaufen wir Waffeln mit Sahne und eisgekühlten Apfelsaft mit Schuss (Apfelschorle).
Gänsehaut garantiert
Eure Theater-AG

Beobachtung, Befragung, Bearbeitung

Fragen, die sich ein Detektiv immer wieder stellt, sind die **sieben W-Fragen**: Wer hat wann wo was gemacht, wie, womit, warum? Um einen Fall restlos aufzuklären, müssen alle sieben Fragen beantwortet werden. Wenn ein Detektiv sich nach einem Einbruch am Tatort genau umschaut, kennt er oft schon die Antworten auf mehrere der Fragen.

Zum Beschatten eines Verdächtigen braucht man viel Geduld und Geschick. Ein guter Detektiv bleibt unauffällig. Dazu gehört, dass er sich jeder Gelegenheit anpasst und blitzschnell Entscheidungen trifft. Er muss ein guter Schauspieler sein, nicht nur wenn er verkleidet ist.

Während einer Befragung beobachtet ein Detektiv den Verdächtigen oder Zeugen genau. Er muss Lügen, Fantasie und Wahrheit voneinander unterscheiden können. Geschickt stellt er gezielte Fragen und arbeitet dabei auch mit Tricks.

Die besten Zeugen sind oft Kinder. Sie merken sich meistens mehr Einzelheiten als Erwachsene. Hilfreich bei der Tätersuche ist ein Phantombild, das nach Täterbeschreibungen aus Einzelteilen angefertigt wird.

Ein Detektiv kennt viele Arten von Geheimschriften. So kann er verschlüsselte Botschaften und Geheimschriften von Verbrechern entziffern und ihnen auf die Spur kommen.

Jeder Detektiv braucht eine große Auswahl an Werkzeugen. Dazu gehört auch eine umfangreiche Schlüsselsammlung. Ein besonderer Schlüssel, der in viele Schlösser passt, heißt Dietrich.

Diamanten im Netz

„Kann ich dir was helfen, Papa?“ Stefan steht mit einem Heft in der Hand vor dem Schreibtisch seines Vaters.

„Ich kombiniere: Du möchtest, dass ich dir bei deinen Matheaufgaben helfe. Stimmt's?“, fragt der.

Stefan grinst. „Stimmt, Herr Detektiv. Nur nachgucken, ob alles richtig ist. Ich kann ja inzwischen für dich einen Fall lösen.“

„Schön wär's. Ich habe hier nämlich einen sehr kniffligen neuen Fall.“

Er zeigt Stefan ein Foto. „Diese besondere Armbanduhr mit wertvollem Diamantenbesatz wurde einer Kundin beim Stadtfest vom Handgelenk gestohlen. Mein Auftrag ist es, Dieb und Uhr zu finden."

„Ich könnte Samstag für dich zum Flohmarkt gehen und dort nach der gestohlenen Uhr suchen", schlägt Stefan vor.

Sein Vater nickt. „Das ist eine gute Idee. Also, ich schau mir jetzt deine Aufgaben an. Du kannst dich ja so lange am Computer beschäftigen."

Stefan surft ein bisschen im Internet herum. Plötzlich hat er eine Idee. Er klickt eine Internet-Börse für Versteigerungen an. „So, mal sehen ...", murmelt er. „Schmuck, Uhren, ... ein besonderes Angebot: Armbanduhr mit blauem Zifferblatt und Diamantenbesatz. Papa!", ruft Stefan aufgeregt.

Der Detektiv knurrt. „Ich rechne!"

„Ja, aber ich hab sie!", ruft Stefan.

„Wen hast du?"

„Na, die Uhr. Hier im Internet!“, antwortet Stefan. „Jedenfalls sieht sie genauso aus wie auf deinem Foto.“

Mit wenigen Schritten ist sein Vater bei ihm. „Tatsächlich. Das ist die Uhr.“

„Und der Anbieter ist ein Gauner“, folgert Stefan messerscharf.

„Stimmt! Aber dem kommen wir auf die Schliche. Wie viel ist geboten worden?“

„Zweitausendeinhundert“, antwortet Stefan. „Die Frist läuft um 16.00 Uhr ab.“

Sein Vater schluckt. „Also in einer halben Stunde. Gut, ich biete mit. Zweitausendzweihundert.“

Stefan gibt das Gebot ein und wartet ab. „Das kann dauern."

„Schon verstanden. Ich gehe wieder an deine Aufgaben, und du behältst den Fall im Auge."

Stefan freut sich, dass er seinem Vater helfen darf. Schon oft hat er kleine Arbeiten übernommen. Er hat Fotos, Abdrücke von Fingern, Schuhen oder Reifen verglichen. Einmal hat er sogar mit seinem Vater gemeinsam einen Trickbetrüger beschattet. Aber dieser Fall mit der Uhr ist ganz anders.

„Zweitausenddreihundert!", ruft Stefan. „Es ist zehn Minuten vor vier."

„Noch hundert dazu", sagt der Detektiv. „Ich bin gleich fertig. Du hast nur einen Fehler in deinen Hausaufgaben, aber das erkläre ich dir später."

Kurz nachdem Stefan das Gebot um hundert Euro erhöht hat, springt es um weitere zweihundert Euro nach oben.

„Immer mitbieten." Sein Vater bleibt ruhig, während Stefan schon vor Aufregung einen heißen Kopf hat. „Also, zweitausendsiebenhundert. Noch drei Minuten."

„Nur wenn wir am meisten bieten, kommen wir mit dem Verkäufer in Kontakt", erklärt der Detektiv. Mit seinem letzten Gebot von dreitausend Euro ist die Frist schließlich abgelaufen.

„Wir haben ihn! Jetzt kann ich ihn mir schnappen."

„Du willst doch nicht das viele Geld bezahlen?", fragt Stefan entsetzt.

„Natürlich nicht. Wenn er mich anruft, handle ich eine persönliche Übergabe aus. So ein wertvolles Stück kauft man nicht, ohne es vorher zu sehen. Warten wir also ab."

Detektiv Pfeiffer schafft es, sich mit dem Verkäufer der Uhr zu verabreden. „Wir treffen uns vor dem Lokal Mamma Mia. Ich erkenne ihn an einer gelben Schachtel, die er in der Hand hält", erklärt er Stefan.

„Darf ich mitkommen?“, fragt der.

Sein Vater nickt. „Ja, du kannst vom Auto aus alles mit der Videokamera aufzeichnen. Falls er mir entwischt, haben wir ihn wenigstens auf dem Film.“

Selten war Stefan so gespannt. „Und wenn der Dieb merkt, dass er in eine Falle gelockt wurde?“

„Ich habe die Polizei bereits verständigt. Zwei Polizisten in Zivil werden sich in der Nähe aufhalten und ihn gleich nach der Übergabe festnehmen“, erklärt der Detektiv.

Pünktlich zur verabredeten Zeit steht der Mann mit der gelben Schachtel vor dem Lokal.

Detektiv Pfeiffer geht auf ihn zu. Stefan beobachtet, wie die beiden Männer miteinander reden. Sein Vater dreht sich so, dass Stefan alles gut filmen kann: Wie sein Vater die Schachtel annimmt, hineinschaut, nickt und seinem Gegenüber einen grauen Umschlag reicht.

Plötzlich wird das Gesicht des Verdächtigen wütend. „Jetzt hat er gemerkt, dass nur Zeitungspapier im Umschlag ist." Stefan kichert.

Doch dann bekommt er einen furchtba-

ren Schreck. Der Mann bedroht seinen Vater. Wo sind nur die Polizisten?

Wenige Sekunden später springen eine Polizistin und ein Polizist aus dem Lokal, packen den Verbrecher und legen ihm Handschellen an.

Stefans Vater hält allen die offene Schachtel entgegen. An seinem Gesicht erkennt Stefan, dass es die richtige Uhr ist. Dann gibt sein Vater ihm ein Zeichen. Stefan kann die Videokamera abstellen. Der Fall ist erfolgreich abgeschlossen.

Spurensuche und Spurensicherung

An Reifenspuren erkennt man, ob sie von einem Lastwagen, einem Personenwagen, einem Motorrad oder einem Fahrrad stammen. Auch die Fahrtrichtung kann man daran ablesen. Wenn das Fahrzeug zum Beispiel durch eine Pfütze fährt, spritzt das Wasser in Fahrtrichtung. Gras wird nach vorne geknickt.

Deutliche Schuhabdrücke sind sehr wichtige Spuren für jeden Ermittler. Sie verraten etwas über Größe, Gewicht und Gangart eines Täters und darüber, wohin er gegangen ist. Ausmessen, abzeichnen, fotografieren und Gipsabdrücke nehmen sind für jeden Detektiv alltägliche Arbeiten.

Jeder Fingerabdruck ist einmalig. Mit einem weichen Pinsel wird Pulver auf eine Fläche aufgetragen, bis die Fingerabdrücke deutlich sichtbar werden und man sie mit einer Spezialfolie (oder Tesafilm) abziehen kann. Die Muster eines Fingerabdrucks zeigen Bögen, Schleifen und Wirbel.

Nicht alle Beweisstücke an einem Tatort sind so leicht zu finden wie Zigarettenkippen oder abgerissene Knöpfe. Oft sind es einzelne Fasern, Haare oder Schmutz, die den Detektiv auf eine Spur führen. Erde oder Pflanzensamen an der Kleidung eines Verdächtigen können der Beweis dafür sein, dass er sich an einem bestimmten Ort aufgehalten hat.

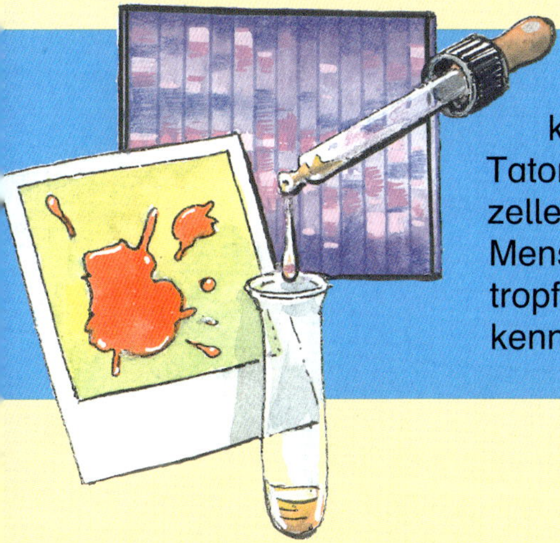

Der genetische Fingerabdruck kann beweisen, wer an einem Tatort war. Gene sind in allen Körperzellen enthalten. Sie sind bei jedem Menschen unterschiedlich. Ein Blutstropfen reicht daher zur genauen Erkennung eines Täters aus.

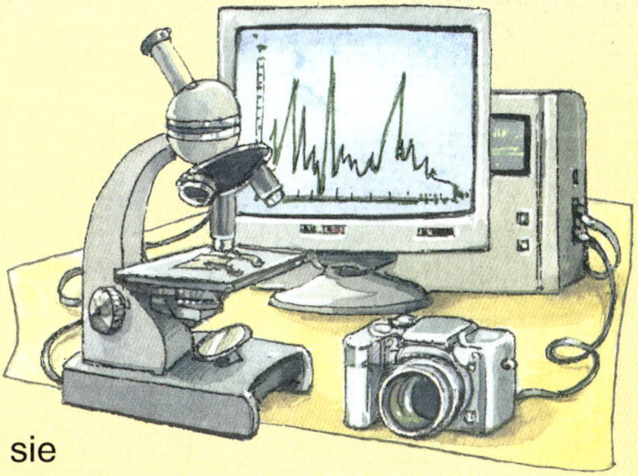

Detektive benutzen für ihre Arbeit häufig Computer, Handys, Digital- und Videokameras sowie Mikroskope. Mit speziellen Geräten, wie Chromatographen oder Massenspektrometern, können sie auch Ablagerungen von Giften oder Drogen in den Haaren einer Person nachweisen.

Vorsicht Falle!

Genau am 4. Mai um 10.55 Uhr fasst Rafael einen wichtigen Entschluss: „Ich werde Detektiv. Sofort!"

Noch nie hat Rafael einen Fall bearbeitet oder gelöst. Aber er hat schon viele Krimis gelesen und weiß, was wichtig ist. Wie Sherlock Holmes will er ermitteln, sorgfältig und mit Köpfchen. Einen Verdacht und einen Verdächtigen hat er auch, nur die Beweise fehlen ihm noch.

Rafael bereitet seine Arbeit vor. Die Klasse hat eine Vertretungsstunde, die für Hausaufgaben genutzt werden darf. Er schielt zu Ole hinüber und schreibt in sein Notizbuch, was ihm seit einiger Zeit an seinem Klassenkameraden auffällt:

1. O. gibt oft mit neuen Klamotten an.
2. Gestern hat O. ein teures Fotohandy herumgezeigt.
3. Heute hatte O. einen supertollen neuen MP3-Spieler.

„Was würde Sherlock Holmes jetzt tun?", fragt sich Rafael.

Er beschließt, Ole erst einmal genau unter die Lupe zu nehmen und das nicht nur in der Schule. Auf dem Weg nach Hause will er ihn unauffällig beschatten.

Gleich nach der letzten Stunde heftet Rafael sich an Oles Fersen. Trotz knurrendem Magen verfolgt er einige Jungen, die mit Ole bis zu einer Straßenkreuzung gehen. Dann trennt sich Ole von ihnen und geht in Richtung Innenstadt.

Im Erdgeschoss des Kaufhauses gibt es eine Abteilung für Computerspiele, Videofilme und CDs. Dort hinein schlendert Ole und guckt sich alles ausgiebig an. Ab und zu nimmt er etwas aus dem Regal und legt es wieder zurück.

Rafael steht hinter einer Säule mit Computerspielen. Als nach zehn Minuten noch nichts passiert, ist er enttäuscht.

„Eigentlich sollte ich mich freuen“, denkt er. „Vielleicht ist Ole doch kein Dieb.“

Doch plötzlich geht alles ganz schnell. Rafael beobachtet, wie Ole eine CD in der Hand hält. Dann macht er eine Bewegung, als würde er sie wieder weglegen. Dabei beugt er sich vor, sodass seine offene Jacke das Regal verdeckt. Blitzschnell verschwindet die CD in seiner Innentasche.

Rafael hat sich vorher überlegt, was er in solch einem Fall zu tun hat. Rafael will den Dieb zur Rede stellen. Kurz entschlossen geht er auf Ole zu.

„Du hast sie geklaut“, sagt er ihm auf den Kopf zu.

Ole zuckt zusammen und verzieht sein Gesicht zu einer hässlichen Grimasse. „Hä? Wovon redest du? Was willst du überhaupt von mir?“

„Das weißt du genau. Mach doch mal deine Jacke auf. Ich habe gesehen, dass du eine CD eingesteckt hast.“

Ole tippt sich mit dem Finger an die

Stirn. „Du hast ‘ne Klatsche. Hirngespinste nennt man so was!“

„Dann zeig mir doch deine Jacke. Wenn keine CD drin ist, habe ich mich eben versehen und bitte dich um Entschuldigung.“ Rafael greift nach Oles Jacke, doch der wehrt ihn mit beiden Händen ab und schubst ihn weg. Dabei kommt es zu einer Rangelei.

Schnell strömen von allen Seiten Neugierige herbei, durch die sich ein großer breitschultriger Mann einen Weg bahnt. „Was ist hier los?“, fragt er die beiden Jungen und packt jeden von ihnen an einem Arm.

Ole zeigt auf Rafael. „Der hat eine CD geklaut. Ich habe genau gesehen, wie er sie in seine Jacke gesteckt hat.“

Rafael kann es nicht fassen. Vor Schreck bekommt er kaum einen Ton heraus. „Ich … nein! Du … du hast die CD eingesteckt!“, stottert er.

Dann zeigt mir mal eure Jackentaschen,

ich bin der Kaufhausdetektiv!“, befiehlt der Mann. Sein Tonfall und sein Blick dulden keinen Widerspruch.

Zuerst tastet der Detektiv die Taschen von Oles Jacke ab. Erstaunt beobachtet Rafael, dass er nichts findet. „Er muss sie noch schnell rausgenommen haben“, vermutet er, während seine eigenen Jackentaschen untersucht werden.

„Aha“, sagt der Mann plötzlich. „Da ist sie ja. Noch frisch versiegelt und nicht bezahlt. Ihr kommt beide mit ins Büro.

Kaufhausdiebstahl ist ein Fall für die Polizei."

„Aber! ... Aber das kann nicht sein!", ruft Rafael. „Ich habe genau gesehen, dass ..."

Es nützt ihm nichts. Wie ein Verbrecher wird er in das Büro der Geschäftsleitung geführt. Gemein grinsend geht Ole neben ihm her. „Wie war das mit der Entschuldigung?"

Im Büro sagt der Detektiv: „Weil die meisten Diebe angeblich nicht wissen, wie die Beute in ihre Tasche gelangt ist, zeigen wir ihnen unseren Videofilm. Das wirkt meistens, und sie rücken mit der Wahrheit heraus, die ich übrigens wärmstens empfehle."

Jetzt wirkt Ole doch ein bisschen nervös. Aber auch Rafael ist ziemlich mulmig zu Mute. Was passiert, wenn man nicht erkennt, dass Ole der Dieb ist?

„Ole hat mich in die Falle gelockt", denkt Rafael. „So etwas wäre Sherlock Holmes bestimmt nicht passiert."

Doch sobald der Kaufhausdetektiv den Film abspielt, ist alles klar: Er zeigt, dass Ole die CD stiehlt, während Rafael hinter der Säule steht und ihn beobachtet. Bei der folgenden Rauferei erkennt man, wie Ole die CD in Rafaels Jacke steckt.

„Na, dann haben wir ja unseren Dieb", sagt der Detektiv zu Ole. „Jetzt rufen wir erst einmal deine Eltern an ..."

„Puh", denkt Rafael. Ihm fällt ein Stein vom Herzen. So gefährlich hatte er sich seine Detektivarbeit nicht vorgestellt.

Berühmte Detektive

Der schottische Kriminalist **Allan Pinkerton** gründete 1850 in Chicago (USA) das erste private Detektivbüro. Sein Firmenschild zeigte ein offenes Auge. Darunter stand: „Wir schlafen nie.“ Pinkerton gelang es, einen Mordanschlag auf den amerikanischen Präsidenten Abraham Lincoln zu verhindern.

Annette Kerner war eine sehr erfolgreiche Privatdetektivin in England. Als Verwandlungskünstlerin schaffte sie es, besonders schwierige Fälle aufzuklären. Dafür schlüpfte sie in jede passende Rolle und konnte so überall ungehindert ermitteln, sogar in der Unterwelt.

Der berühmte Detektiv **Sherlock Holmes** ist eine Erfindung des Arztes und Schriftstellers Sir Arthur Conan Doyle. In seinen Büchern ließ der Autor den Detektiv und dessen Freund Dr. Watson zahlreiche Verbrechen aufklären. Durch logisches Denken und Kombinieren kamen die beiden der Lösung auf die Spur.

Wegen der großen Beliebtheit des Detektivs wurde in London, Baker Street 221 b, das Sherlock-Holmes-Museum eingerichtet. Alles ist so gestaltet, wie die Krimifans es aus den Büchern kennen.

Ein sehr beliebter Kinderdetektiv ist **Kalle Blomquist**, den sich die Schriftstellerin Astrid Lindgren ausgedacht hat. In einem kleinen schwedischen Ort legt Kalle gewissenlosen Gangstern das Handwerk. Seine Freunde Anders, Eva-Lotta und Rasmus helfen ihm bei seinen kniffligen Aufgaben.

In der berühmten Geschichte „**Emil und die Detektive**“ von Erich Kästner wird Emil während einer Fahrt im Zug nach Berlin bestohlen. Gleich nach seiner Ankunft in Berlin beginnt er mit der Detektivarbeit. Bald wird der Verdächtige von einer immer größer werdenden Detektivbande durch die ganze Stadt gejagt.

Der Fall Pulver

Charlotte, genannt Charly, Maximilian, genannt Maxi, und Birte haben einen Detektiv-Club gegründet. Sie haben sich in Birtes Zimmer ein Detektivbüro eingerichtet, Regeln für ihre Arbeit festgelegt und Detektivausweise gedruckt.

Als alles startklar ist, fiebern sie ihrem ersten Fall entgegen. Aber weit und breit lässt sich nichts Verdächtiges finden.

„Wir brauchen unbedingt Werbung“, sagt Maxi.

„Stimmt! Wir drucken uns Handzettel und verteilen sie“, schlägt Birte vor. „Vielleicht meldet sich jemand und gibt uns einen Fall.“

Schon bald sind die Zettel fertig, und die drei Hobbydetektive machen sich damit auf den Weg.

Den ersten Zettel gibt Birte ihrer Nachbarin Frau Pulver, die gerade ihren Rauhaardackel Brösel in den Garten lässt.

„Wir haben ein Detektivbüro eröffnet. Falls Sie mal Hilfe brauchen ...“

Frau Pulver schaut sich das Angebot an und lacht. „Danke. Hier ist zum Glück alles in Ordnung.“

Nachdem die Kinder ihre Runde beendet haben und immer noch kein Auftrag in Sicht ist, kommen sie wieder bei Frau Pulver vorbei.

„Hallo, Detektive!“, ruft sie ihnen über den Zaun zu. „Habt ihr Brösel gesehen?“

Birte schüttelt den Kopf. „Ist er Ihnen entwischt?“

„Ja, ich bin nur kurz ins Haus gegangen. Als ich wieder in den Garten kam, war er nirgends zu finden“, erklärt Frau Pulver.

„Wir helfen Ihnen suchen“, bietet Charly an. „Vielleicht hat er irgendwo was Aufregendes gerochen.“

„Keine Spur von Brösel“, berichten die Detektive, als sie nach ausgiebiger Suche zurückkommen. Erschrocken sehen sie, dass Frau Pulver geweint hat.

„Brösel ist entführt worden“, schluchzt sie und hält den Kindern einen Brief mit aufgeklebten Buchstaben entgegen: „Für 20 Euro Hund zurück. Tierfreund ruft an.“

„Das ist Erpressung!“, ruft Birte empört. „Wir übernehmen den Fall. Bald haben Sie Ihren Dackel wieder“, verspricht Maxi.

Frau Pulver nickt dankbar und reicht ihm

den Brief. „Meine Fingerabdrücke sind aber auch drauf“, gibt sie zu bedenken.

„Wir suchen erst nach Fußspuren“, schlägt Charly vor und holt den Rucksack mit der Detektivausrüstung.

Im Garten entdecken die Kinder außer Brösels Pfotenspuren Schuhabdrücke von drei verschiedenen Paar Schuhen. Die von Frau Pulver sind leicht zu erkennen.

Maxi betrachtet seine eigenen Sohlen. „Die anderen beiden haben ungefähr meine Schuhgröße“, stellt er fest.

Charly misst die Spuren aus. „Wellenmuster und Zickzack“, murmelt sie. „Sollen wir sie mit Gips ausgießen?“

Birte nickt. „Ja, mach mal. Ich gucke inzwischen, wo die Spuren hinführen."

Aufgeregt kommt sie zurück. „Sie enden bei dem freien Grundstück neben Frau Pulvers Garten. Man erkennt deutlich, dass jemand durch das hohe Gras gelaufen ist."

„Dahinter sind die Kleingärten", sagt Charly.

„Da war ich auch. Aber Spuren gibt's da nicht, die Wege sind gepflastert. Dafür habe ich was anderes gefunden." Birte zeigt Charly und Maxi einen schwarzen Fussel. „Hier! Der hing am Zaun."

Maxi zupft ein Stück von dem Fussel ab,

holt Streichhölzer aus seinem Rucksack und zündet die Faser an.

„He! Mein Beweisstück!“, ruft Birte.

„Das riecht wie verbranntes Papier“, sagt Maxi ungerührt. „Also ist es Baumwolle. Wolle und Kunstfaser brennen und riechen anders. Das weiß ich aus einem Detektivbuch.“

Birte fasst zusammen: „Gesucht werden zwei Typen, Jungen oder Mädchen, mit Maxis Schuhgröße. Einer trägt etwas Schwarzes aus Baumwolle.“

Charly hat sich alles notiert. „Wir bummeln mal durch die Kleingärten. Vielleicht fällt uns jemand auf.“

Doch nicht eine Person, sondern aufgeregtes Hundegebell erregt den Verdacht der Detektive. Das Bellen kommt aus einer alten Hütte in einem verwahrlosten Garten.

„Das ist bestimmt Brösel. Die Entführer haben ihn da eingesperrt“, flüstert Charly, als sie sich vorsichtig anschleichen.

Maxi legt den Zeigefinger an die Lippen. „Vielleicht sind sie selber drin.“

Sie hören Stimmen aus der Hütte. Durch einen Spalt im Holz erkennen sie Brösel und zwei Jungen, die etwas jünger sind als sie. Einer der beiden telefoniert mit einem Handy.

Angespannt lauschen die Detektive dem Gespräch. Die Satzfetzen, die sie verstehen, bestätigen ihren Verdacht. „20 Euro – Umschlag – Papierkorb – Spielplatz Uferstraße – drei Uhr.“ Um ihre Forderung zu bekräftigen, lassen die Entführer Brösel in ihr Handy bellen.

„So eine Gemeinheit“, flüstert Birte empört und schaut auf ihre Uhr. „Die schnappen wir uns!“

Wenig später kommen die Jungen aus der Bude. Ein Junge mit einem schwarzen T-Shirt trägt Brösel auf dem Arm.

Die drei Detektive stellen sich ihnen in den Weg.

Brösel erkennt Birte sofort, er zappelt und winselt.

„Erpresser!“, zischt Birte die Jungen an und nimmt ihnen den Hund weg.

Verblüfft starren die beiden sie an. „He, was soll das?“, schreit der eine. „Gib den Hund her!“

Aber die Detektive lassen sich nicht beeindrucken.

„Wir bringen Brösel jetzt gemeinsam zu Frau Pulver“, bestimmt Birte und streichelt den Dackel. „Ob sie euch anzeigt, ist ihre Sache. Für uns ist der Fall damit gelöst.“

Detektiv-Club

Wer einen Detektiv-Club gründen möchte, braucht erst einmal Freunde, die mitmachen. Gut ist es, wenn sich die Mitglieder ergänzen. Zum Beispiel werden sportliche, schnelle Detektive für Verfolgungen gebraucht. Wer gut reden kann, führt die Befragungen durch. Wichtig sind auch geduldige Forscher, die etwas im Lexikon oder Internet finden oder mit dem Mikroskop untersuchen.

Gleich bei der Gründung des Detektiv-Clubs sollten gemeinsam Regeln aufgestellt werden, an die sich jeder hält. Sinnvoll ist es, sich einen Namen für den Club und ein Erkennungszeichen auszudenken. Treffpunkt kann zum Beispiel ein Gartenhäuschen, ein Kellerraum, ein Wohnwagen oder ein Baumhaus sein.

Für alle Detektive des Clubs wird ein Ausweis erstellt. Hier trägt man Namen, Adresse, Decknamen und die Aufgaben im Detektiv-Club ein. Auf den Detektivausweis kann man auch sein Passfoto kleben und den eigenen Daumenabdruck setzen.

Zur Ausrüstung eines Hobbydetektivs gehört ein Detektivkoffer oder ein Rucksack mit folgendem Inhalt: Notizblock, Stift, Lupe, Maßband, Taschenlampe, Taschenmesser, Pinzette, weicher Pinsel, Fingerabdruckpulver, Folie zum Abziehen, Gips für Gipsabdrücke, Plastiktüten für das Beweismaterial. Außerdem sollte jeder Detektiv eine Armbanduhr haben.

Hobbydetektive klären keine Verbrechen auf. Sie kümmern sich um andere Menschen und helfen, wo es nötig ist. Wenn zum Beispiel die Nachbarin ihren Hund oder ihre Katze vermisst, kann das eine Aufgabe für einen Detektiv-Club sein.

Polizisten und Detektive warnen Hobbydetektive davor, sich in Gefahr zu bringen. Wer der Polizei bei der Verfolgung einer Straftat helfen möchte, sollte seine Beobachtungen immer genau notieren und sofort melden. Der Tatort darf nicht betreten und es darf nichts verändert werden.

Insa Bauer wurde 1948 in Oldenburg geboren. Sie arbeitete zunächst als Übersetzerin, bevor sie an der Fernuni eine Fortbildung in Erziehungs- und Sozialwissenschaften, Schwerpunkt Sonderpädagogik, machte. Durch ihre Söhne kam sie zum Schreiben von Kinderbüchern. Seit 1986 ist sie freie Schriftstellerin. Ihre bevorzugten Themen sind Natur und Umwelt, Ur- und Vorgeschichte, Detektivgeschichten zum Mitraten und Alltagsgeschichten. Insa Bauer lebt mit ihrer Familie in Rastede bei Oldenburg.

Silvia Christoph, Jahrgang 1950, studierte Grafik-Design und arbeitet seit mehr als 20 Jahren als freie Illustratorin. Heute schreibt und illustriert sie Kinderbücher und ist für zahlreiche Verlage tätig. Sie ist außerdem Musikerin, spielte in verschiedenen Bands und arbeitete als Studiosängerin für Disney-Produktionen.